EL LIBRO DE CONTAR DE Crayola

MARI SCHUH

EDICIONES LERNER ◆ MINEÁPOLIS

TO THE MARTIN COUNTY LIBRARY

Traducción al español: copyright © 2019 por Lerner Publishing Group, Inc.
Título original: *The Crayola Counting Book*
Copyright © 2018 por Lerner Publishing Group, Inc.
La traducción al español fue realizada por Giessi Lopez.
Muchas gracias a José Becerra-Cárdenas, maestro de segundo grado en Little Canada Elementary, por revisar este libro.

© 2018 Crayola, Easton, PA 18044-0431. El logo ovalado de Crayola, Chevron Design, Serpentine Design, y los colores Tickle Me Pink (palo de rosa), Antique Brass (latón mania), Blush, (sonrojo), Tumbleweed (amaranto), Banana Mania (banana mania) y Mountain Medow (valle de montaña) son marcas registradas de Crayola y están bajo uso de licencia.

Producto autorizado oficial
ediciones Lerner
Una división de Lerner Publishing Group, Inc.
241 First Avenue North
Mineápolis, MN 55401, EE. UU.

Si desea averiguar acerca de niveles de lectura y para obtener más información, favor de consultar este título en www.lernerbooks.com

El texto del cuerpo principal es Billy Infant Regular 24/30. El tipo de letra proporcionado por SparkyType.

Library of Congress Cataloging-in-Publication Data

Names: Schuh, Mari C., 1975- author. | Lopez, Giessi, translator.
Title: El libro de contar de crayola / Mari Schuh ; la traducción al español fue realizada por Giessi Lopez.
Other titles: Crayola counting book. Spanish
Description: Minneapolis : ediciones Lerner, [2018] | Series: Conceptos crayola | Audience: Ages 4-9. | Audience: K to grade 3. | Includes bibliographical references and index.
Identifiers: LCCN 2017053114 (print) | LCCN 2017056115 (ebook) | ISBN 9781541510326 (eb pdf) | ISBN 9781541509481 (lb : alk. paper) | ISBN 9781541526525 (pb : alk. paper)
Subjects: LCSH: Counting—Juvenile literature. | Addition—Juvenile literature. | Subtraction—Juvenile literature. | Crayons—Juvenile literature.
Classification: LCC QA113 (ebook) | LCC QA113 .S38881918 2018 (print) | DDC 513.2/11—dc23

LC record available at https://lccn.loc.gov/2017053114

Fabricado en los Estados Unidos de América
1-43936-33957-3/23/2018

Tabla de contenido

DIVERSIÓN AL CONTAR

¡Tantos crayones! ¡Tantos colores!
¿Cuántos crayones ves?

¡Vamos a contarlos!

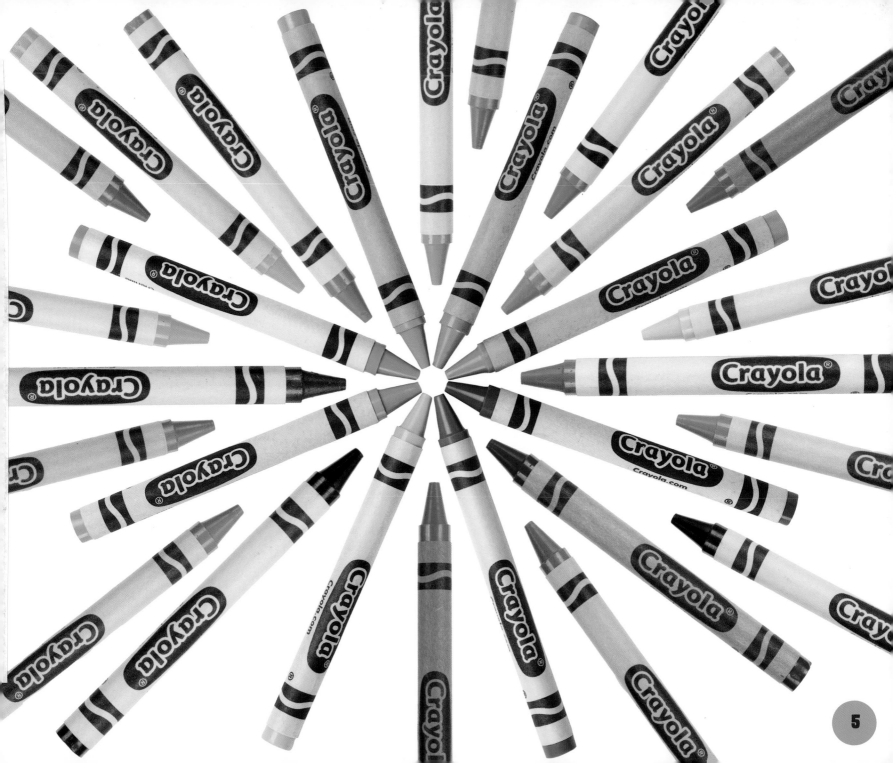

¿Cuántos crayones hay? Cuéntalos uno por uno.

Empieza con el crayón rojo.

1, 2, 3, 4, 5

¡Sigue contando!

6, 7, 8, 9, 10

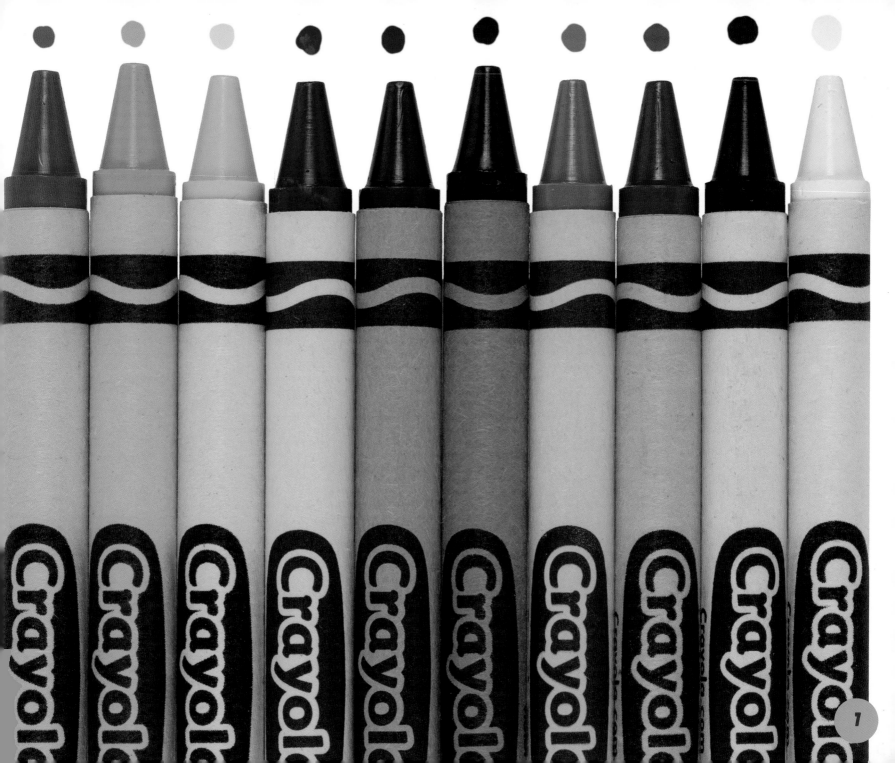

También puedes contar al revés.

Empieza del lado derecho.

10, 9, 8, 7, 6

¡Ya casi terminas!

5, 4, 3, 2, 1

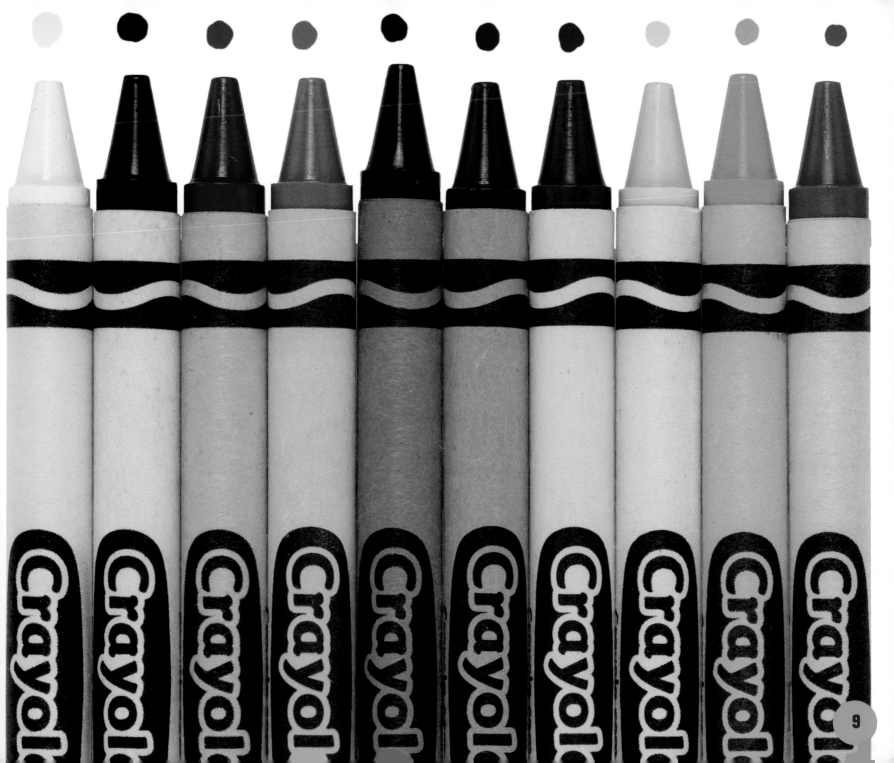

9

Esta vez, cuéntalos por color.

¿Cuántos crayones verdes hay?

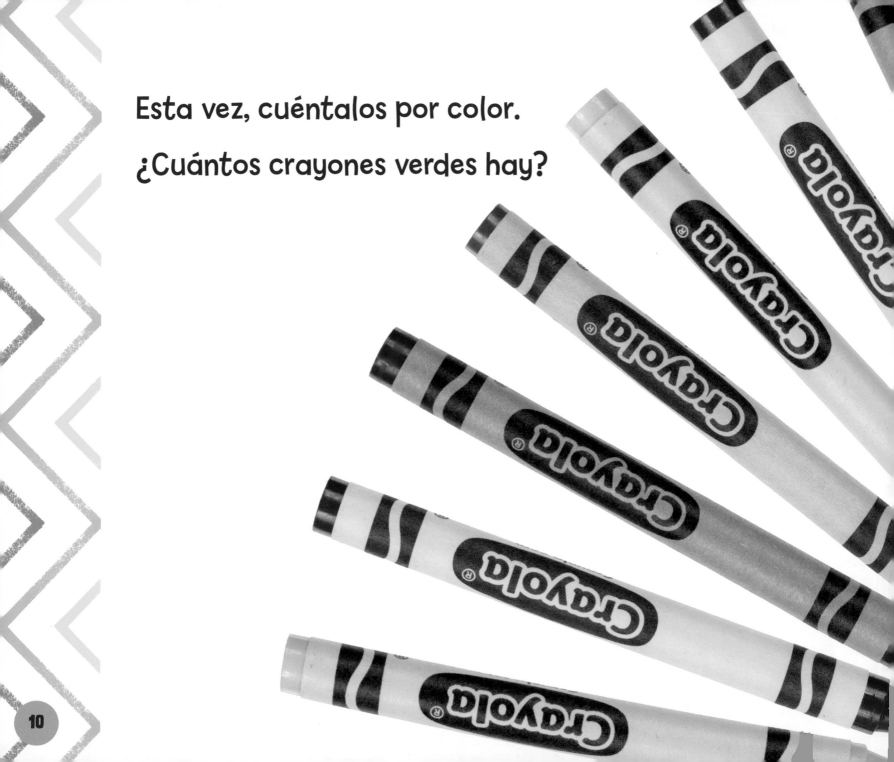

11

CONTAR EN MÚLTIPLOS

Vamos a contar en grupos. Esto se le conoce como contar en múltiplos. Puedes contar de dos en dos.

Mira cuidadosamente a los crayones. Cada par tiene **2** crayones.

2   4   6   8   10

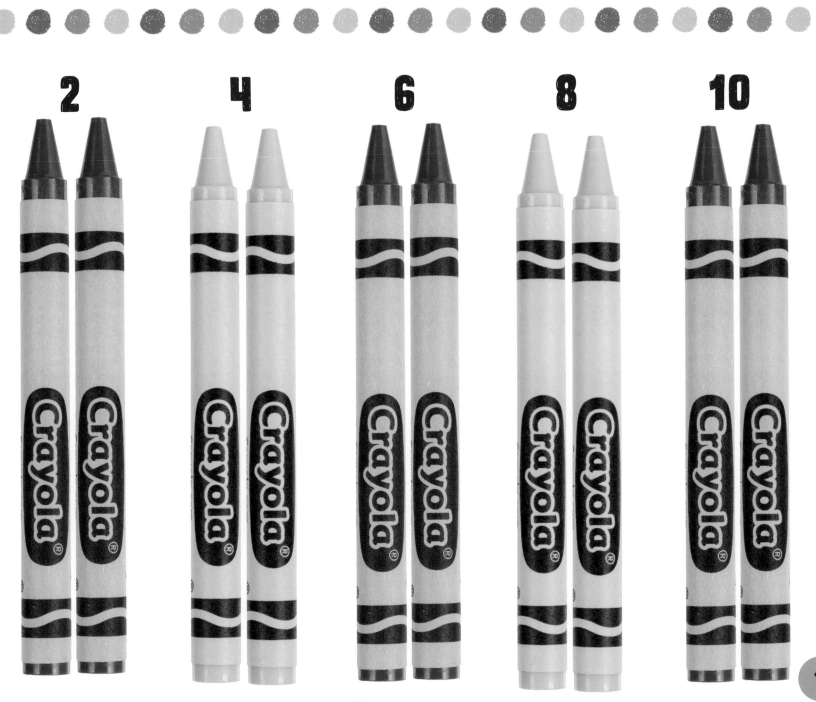

Ahora cada grupo tiene **5** crayones.

5

10

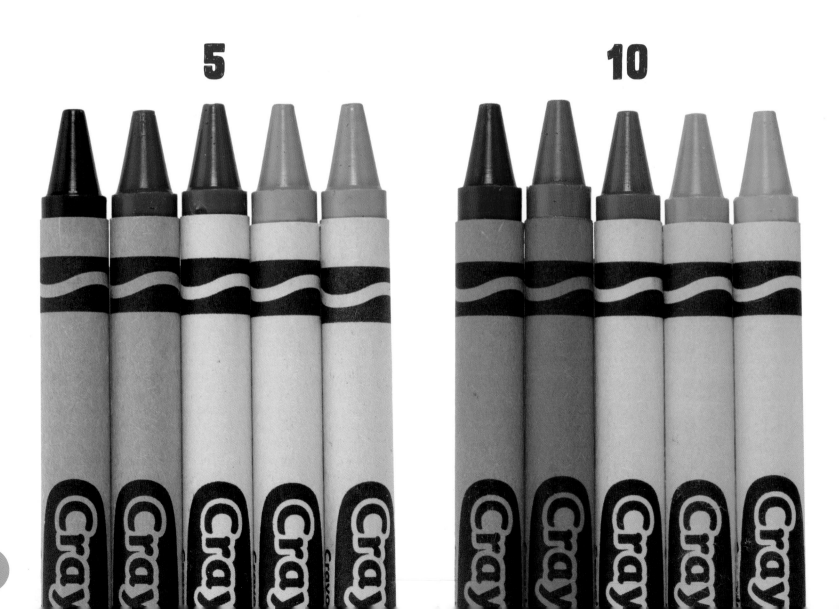

14

¡Cuéntalos!

15

20

CUÉNTALOS TODOS

Contemos en múltiplos de **10**. Cada grupo tiene 10 crayones.

¡Aquí vamos!

10

20

30

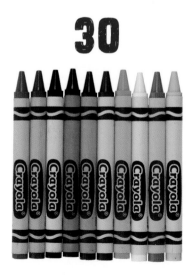

40

50

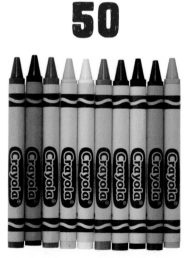

Hay cinco grupos más por contar.

60

70

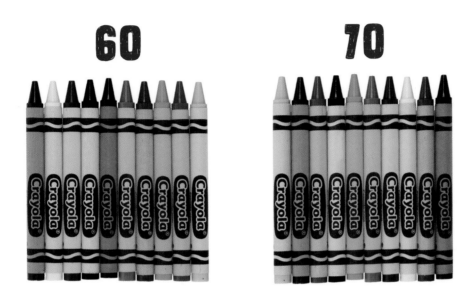

80

90

100

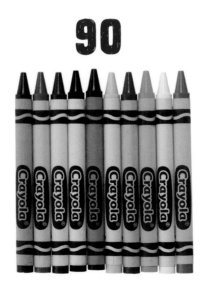

SUMAR Y RESTAR

¡Ahora es tiempo de sumar! Hay **6** crayones en la caja. Hay **2** crayones en la mesa.

Súmalos. ¿Cuántos crayones hay?

$$6 + 2 = 8$$

Ahora saquemos **5** crayones de la caja.
¿Cuántos crayones quedan?

Restemos.

8 − 5 = 3

Quedan **3** crayones en la caja.

¡Mira todos los crayones!
Hay muchas formas de contarlos.

¿Cómo puedes contarlos a todos?

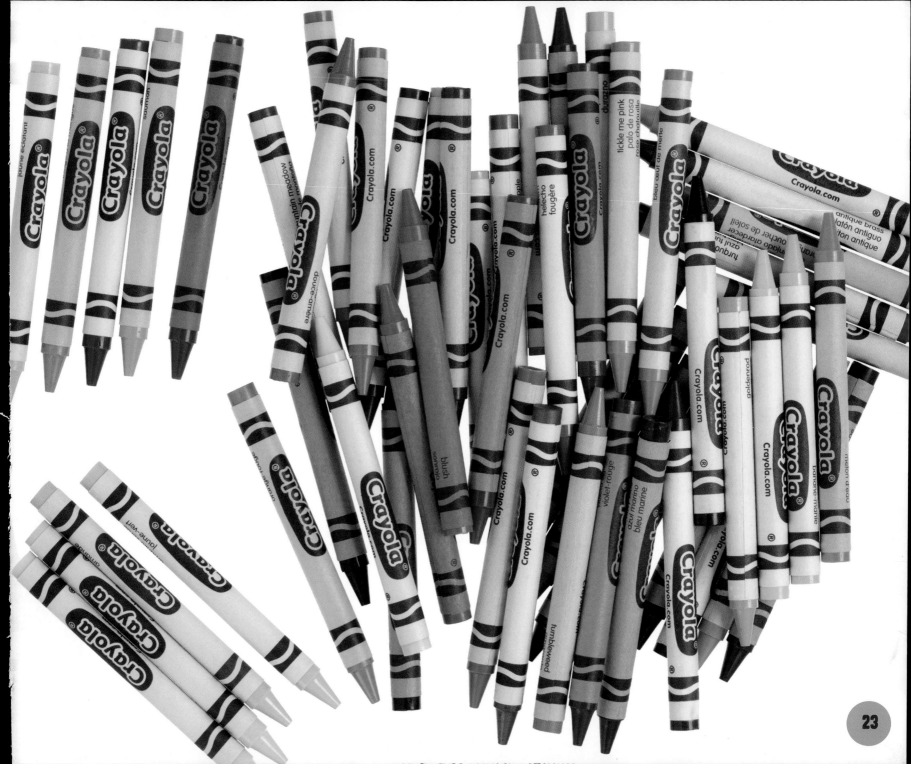

PARA APRENDER MÁS

LIBROS

Brocket, Jane. *1 Cookie, 2 Chairs, 3 Pears: Numbers Everywhere*. Minneapolis: Millbrook Press, 2014. Los números están por doquier. Cuenta todo tipo de objetos al leer este libro divertido.

Higgins, Nadia. *Count It!* Minneapolis: Pogo, 2017. Lee este libro para aprender acerca de las diferentes maneras de contar objetos cotidianos.

Rustad, Martha E. H. *On a Safari 5, 10, 15: A Counting by Fives Book*. Mankato, MN: Amicus, 2017. Aprende acerca de animales africanos contándoles en múltiplos de cinco hasta cincuenta.

SITIOS WEB

Cadena de cuenta regresiva para una celebración
http://www.crayola.com/crafts/celebration-countdown-chain-craft/
¡Practica contando con esta cadena de cuenta regresiva! ¡Puedes contar los días que faltan para tu cumpleaños, un día feriado favorito o un día emocionante que este por venir!

Contando en múltiplos
http://www.abcya.com/number_bubble_skip_counting.htm
Checa este sitio web para practicar contando en múltiplos con diferentes grupos de números.

ÍNDICE

AGRADECIMIENTOS DE IMÁGENES

Las imágenes en este libro son cortesía de Crayola y Independent Picture Service.

24